KB190649

기독교 세계관으로 공부하는 생명윤리
BIOETHICS STUDY BOOK
: CHRISTIAN WORLD VIEW

초판 발행 / 2022년 11월
지음 및 편집 / 한국청년생명윤리학회
전화 / 010-3738-6635
저작권 / 한국청년생명윤리학회
펴낸곳 / 그열매
출판등록 / 2003년 4월 15일
등록번호 / 145호
주소 / (12772) 경기도 광주시 오포읍 태재로 119
전화 / 031-711-0191
팩스 / 031-711-0149

BIOETHICS STUDY BOOK
: CHRISTIAN WORLD VIEW

CONTENTS

우리는 이 세계를 어떻게 바라봐야 하는가?

사람들은 각자 세계관을 갖고 살아간다. 그 세계관을 토대로 자신의 옳은 소견과
자신만의 정의를 갖게 된다.

우리는 어떤 정의를 갖고 살고 있는가?
우리는 어떤 세상이 옳다고 생각하는가?
우리는 어떤 세계관이 정의롭다고 믿고 살고 있는가?

우리의 세계관을 재점검하고,
세상을 바라보는 건강한 세계관, 참된 정의, 옳은 소견을 알아보자.

01
CHAPTER

기독교 세계관

생각의 길을 찾는 세계관 매뉴얼
(정소영 미국변호사 저)

1. 세계관이란 무엇인가?

1) 세계관의 '정의 (Definition)'는 무엇일까요?

① 세상을 바라보는 관점, 한 개인이 태어나고 자라난 배경을 통칭하는 그 무엇
  : 가치관보다는 훨씬 더 넓은 범위를 포함합니다.

2) 세계관은 어떻게 형성되는 것일까요?

① 태어난 장소, 사회모습, 문화, 가족 구성, 교육, 개인경험, 미디어 등
  → 세계관을 바꾸기 위해서 극적/전면적 변화가 필요합니다.

3) 내가 가진 세계관이 어떤 것인지 어떻게 알 수 있을까요?

① 인간이란 어떤 존재인가?
② 인간 세상에는 왜 이렇게 문제가 많은가?
③ 그 문제는 어떻게 해결할 것인가?

[생각해보기]

"나의 세계관 형성에 가장 많은 영향을 미친 요소들을 생각해보자."

2. 현대사회의 세계관들

1) 성경적 세계관 (Biblical Worldview)
: 성경을 통해 인간에게 가르쳐 주신 세계관

① 인간이란 어떤 존재인가?

- 창조 : 하나님의 형상으로 창조된 존귀한 존재, 영적인 존재

> 하나님이 자기 형상 곧 하나님의 형상대로 사람을 창조하시되
> 남자와 여자를 창조하시고 (창세기 1:27)

② 인간 세상에는 왜 이렇게 문제가 많은가?

- 타락

> 여자가 그 나무를 본즉 먹음직도 하고 보암직도 하고 지혜롭게 할 만큼
> 탐스럽기도 한 나무인지라 여자가 그 열매를 따먹고
> 자기와 함께 있는 남편에게도 주매 그도 먹은지라 (창세기 3:6)

③ 그 문제는 어떻게 해결할 것인가?

- 구속 : 다시 하나님께로 돌아가야 함 (예수 그리스도, 십자가 사건)

> 하나님이 세상을 이처럼 사랑하사 독생자를 주셨으니 이는
> 그를 믿는 자마다 멸망하지 않고 영생을 얻게 하려 하심이라 (요한복음 3:16)

[생각해보기]

> **"예수 그리스도와 십자가 사건이 어떻게 인간 세상의 문제를 해결할 수 있을까?**
> **나와는 어떤 관계가 있는지 생각해보자."**

2) 세속적 인본주의 (Secular Humanism)
: 인간의 이성과 과학에 대한 믿음에서 출발

① 인간이란 어떤 존재인가?

- 진화 a. 자연주의
        - 눈에 보이고 만져지는 자연계가 세상의 전부
        - 보이지 않는 초월적인 세계/존재는 없음

       b. 진화론
        - 인간의 정신 = 뇌가 진화하는 과정 중의 부산물

② 인간 세상에는 왜 이렇게 문제가 많은가?

- 무지 : 충분히 진화하지 못하였기 때문에 발생

③ 그 문제는 어떻게 해결할 것인가?

- 과학과 기술의 발전으로 무지를 없애 나가야 함
- 영적인 문제나 갈망은 뇌를 치료함으로 해결

[생각해보기]

"그리스도인들이 과학을 바라보는 올바른 태도는 무엇인지 생각해보자."

3) 마르크스주의 (Marxism)
: 마르크스가 엥겔스와의 협력으로 만들어 낸 사상과 이론의 체계

① 인간이란 어떤 존재인가?

- 물질과 계급의식의 진화 (진화론 + 계급의식)
- 부르주아 계층과 프롤레타리아 계층의 갈등으로 역사가 발전

경제적 현실	부르주아	: 생산도구를 가지고 경제적 지배를 하는 계층
	프롤레타리아	: 생산도구가 없고 노동력을 판매하는 계층

② 인간 세상에는 왜 이렇게 문제가 많은가?

- 억압과 소외
- "종교는 인민의 아편"_ 칼 마르크스

계급의 투쟁과 갈등	⇒	상처, 억압, 피해	⇒	사회 문제, 고통

③ 그 문제는 어떻게 해결할 것인가?

- 혁명을 통한 해방

폭력적으로 부르주아 처단	⇒	프롤레타리아 독재국가	⇒	유토피아

- 프롤레타리아 윤리
: 목적이 수단을 정당화 하는 윤리, 목적달성을 위해 수행하는 모든 행동은 선하다.

[생각해보기]

"프롤레타리아 윤리가 정당한 윤리인지 생각해보자."

4) 포스트모더니즘 (Postmodernism)
 : 모더니즘이 확립하여 놓은 도그마, 원리, 형식 따위에 대한
  거부 및 반작용으로 일어난 예술 경향

① 인간이란 어떤 존재인가?

- 진화/불가지론 (= 관심이 없음)
- 인간 : 생물학적 자아, 심리학적 자아, 사회학적 자아로 이루어졌다고 보고
          상황에 따라 필요한 자아를 꺼내 사용

② 인간 세상에는 왜 이렇게 문제가 많은가?

- 절대적 진리에 대한 강요
- 절대적인 진리, 기준, 변하지 않는 사회구조 등을 인정 x
- 모든 것은 상대적, 유동적

▷기독교 : 인간의 자유정신을 억압하는 집단 = 세상에 문제를 만들어내는 집단

③ 그 문제는 어떻게 해결할 것인가?

- 타인에게 해를 끼치지 않는 일이라면 모든 것을 허용, 관용, 포용. 선과 악이
  타협하면 평화로운 세상이 온다고 생각

오류 모든 것을 관용하고 인정하는 주장과 다르게 자신의 세계관과 맞지 않는
          절대적인 진리를 믿는 사람들을 공격함.

[생각해보기]

"자신이 생각하는 절대적인 진리, 기준, 사회구조 등이 있는지 생각해보고,
타인에게 해를 끼치지 않는 일이라면 모든 것을 허용, 관용, 포용하는 것에 대해
자신의 생각을 나눠보자."

5) 뉴에이지 (New Age/New Spirituality)
: 인간의 종교적인 심성, 영혼의 갈망을 간파한 세계관 (동양 + 서양)

① 인간이란 어떤 존재인가?

- 신성을 가진 존재
- 우주는 비인격적인 거대한 에너지 덩어리로, 인간은 우주와 다시 합하여 하나가 되어
  자신의 신성을 극대화 할 수 있음

② 인간 세상에는 왜 이렇게 문제가 많은가?

- 작은 자아

작은 자아 (욕심, 이기심, 부정적인 마음)	▷	우주 힘에 연결 X	▷	그 힘과 에너지의 도움을 받지 못함	▷	인간사회의 문제 발생

③ 그 문제는 어떻게 해결할 것인가?

- 해탈과 합일
- 우주의 에너지와 하나가 되는 방법 : 명상, 요가, 뉴에이지 음악

[생각해보기]

"문화 속에 퍼져 있는 뉴에이지 사상을 찾아보자."

"나는 젊은이들 안에 있는 일종의 영성을 깨우려는 목적으로
이 영화 속에 the force를 집어 넣었다. 나는 the force(자기자신,
자기 자신 안에 있는 신)를 하나님(God)이라 부르기를 주저하지 않는다."

by 조지 루카스('스타워즈' 영화감독)

6) 이슬람 (Islam)
: 신에게 복종한다는 뜻으로, 이슬람교도가 자기 종교를 이르는 말

① 인간이란 어떤 존재인가?

- 창조
- 인간 = 명령에 복종/소통 및 의문제기 불가능
- 유일신 사상 : 알라

* 예수님: 선지자 중 한 사람

② 인간 세상에는 왜 이렇게 문제가 많은가?

- 알라의 명령에 따르지 않기 때문 (불복종)

③ 그 문제는 어떻게 해결할 것인가?

- 알라에게 복종, 성실하게 의무 실천
- 행위구원관: 자신의 행위에 의해 천국/지옥이 결정

* 이슬람의 다섯기둥
1) 샤하다(Shahada) : '알라 외에 다른 신은 없으며 무함마드는 그의 선지자이다.'
　　　　　　　　　　　라는 매일의 신앙고백
2) 살라트(Salat) : 하루에 다섯 번씩 메카를 향해 기도
3) 자카트(Zakat) : 수입의 2.5% 정도를 자선에 사용
4) 사움(Saum) : 라마단 기간 한 달 동안 금식
5) 하지(Haji) : 일생에 한 번 메카로 순례 의무

+ 지하드(Jihad) : 거룩한 전쟁을 수행하다 순교하는 것 _천국 100% 보장
▷ 자살 테러가 용인되는 이유

[생각해보기]

　　"기독교와 이슬람의 차이점을 생각해보자. 행위구원관에 대한 자신의 생각을 나눠보자."

3. 그룹 토의 주제

1) 민주주의와 사회주의 중 어떤 이론체제가 성경과 더 부합하는지 찾아보자.

종들아 두려워하고 떨며 성실한 마음으로 육체의 상전에게
순종하기를 그리스도께 하듯 하라 (에베소서 6:5)

상전들아 의와 공평을 종들에게 베풀지니 너희에게도
하늘에 상전이 계심을 알지어다 (골로새서 4:1)

2) 세계관 형성에 가장 많이 영향을 미치는 요소 및 원인 탐색 후
자신의 세계관은 무엇인지 알아보고, 어떤 세계관으로 바뀌고 싶은지 말해보자.

[나의 의견 나눠보기]

세계관과 윤리학은 어떤 관계일까?

세계관과 윤리학은 불가분의 관계이다.
윤리학은 세계관의 영향을 받기 때문에,
세계관마다 윤리적 입장이 다를 수 밖에 없다.

기독교 윤리학과 철학적 윤리학의 차이를 공부하고,
기독교 윤리학 입장에서 다양한 생명윤리 이슈들을 분별하자.

02

CHAPTER

기독교 윤리학

기독교 윤리학
: 개혁주의 관점에서 본 이론과
  실제 (이상원교수 저)

1. 윤리학의 정의

1) 도덕과 윤리

도덕	윤리
전통적이며 사회적으로 폭넓게 수용된 인간의 행동양식 (관습)	도덕에 대한 판단 (반성)
기술적인 진술 (사실 자체)	규범적인 진술 (옳고 그름의 판단 개입)

‘규범’: 마땅히 따라야 할 가치 판단의 기준

[생각해보기]

> **“명예살인은 이슬람국가인 파키스탄에서는 용인되고,
> 비이슬람국가인 한국에서는 금지되는데 (도덕),
> 과연 어느 나라의 도덕이 올바른가 (윤리)?”**

www.seoul.co.kr · news

“가문의 수치”...‘SNS 스타’ 여동생 명예살인 파키스탄 남성 무죄 | 서울신문

‘파키스탄의 킴 카다시안’ 칸딜 발로치 사건 오빠 무함마드 와심, 1심 종신형→2심 무죄 ▲ ‘SNS 스타’ 여동생 명예살인한 남성 무죄 파키스탄의 소셜미디어 스타 칸딜 발로치(당시... 며칠 뒤 오빠 와심은 “여동생이 **가문**을 **수치**스럽게 했다. 내 행동을 후회하지 않는다”며 범행을 자백했다. 당시 와심을 비롯해 발로치의 또다른 오빠인 아... 2022.02.15.

2. 윤리학의 대상으로서의 인간의 행동

1) "인간의" 행동

- 선악(good & evil)의 문제
- 자기 자신에 대한 행동도 포함

2) 동물윤리, 환경윤리란?

- 'OO에 대한' 인간의 행동
- 동물의 행동 → 본능, 훈련에 의해 결정

3) 윤리적 반성의 대상이 되기 위한 조건

- 자유(선택할 수 있는 능력) & 책임성
- 예외대상 : 불가항력적인 상황, 억제할 수 없는 본능, 책임질 수 없는 사람

[생각해보기]

"기독교 윤리학에 근거해서 다음 상황을 판단해보자."
(도덕, 윤리, 규범)

"네가 동산에 있는 과일을 마음대로 먹을 수 있으나
단 한 가지 선악을 알게 하는 과일만은 먹지 말아라.
그것을 먹으면 네가 반드시 죽을 것이다"
(창세기 2장 16-17절)

4) 도덕적 행위의 3요소

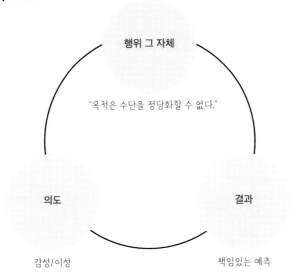

행위 그 자체

"목적은 수단을 정당화할 수 없다."

의도   결과

감성/이성   책임있는 예측

[생각해보기]

"도덕적 행위의 3요소를 생각하며 다음 상황들을 판단해보자."

상황 1) 여성의 차가 고장난 상황에서
　　　　 도움을 주려는 남성의 의도 비교하기

상황 2) 불치병이 걸린 남성이
　　　　 외국에 가서 안락사를 하려는 상황

5) 도덕적 행위의 3요소의 적용

신명론 (기독교)	의무론 (의무주의)	공리주의 (결과주의)
하나님의 계시를 통해	자율적 이성을 통해	사회 구성원의 최대다수의 최대행복
구체적 내용을 가진 규범	형식적, 논리적 틀로서의 규범	고통을 피하고 쾌락을 추구
하나님이 원하시기 때문에 선한 것이다	선하기 때문에 하나님이 원하신다	결과주의
장기적 관점에서 행복을 가져다 줌	결과를 배제	분배의 불공정

[생각해보기]

"당신은 어떤 윤리에 동의하는가?"

(1) 기독교 윤리

(2) 의무주의

(3) 공리주의

3. 판단 기준으로서의 규범

1) 철학적 윤리학의 근거와 한계

① 하나님을 안 믿는 사람의 윤리는 모두 틀렸다는 것인가?

- 철학적 윤리학도 올바른 윤리적 반성을 할 수 있음
- 하나님께서 타락한 인류의 마음 속에 도덕적 규범을 새겨 두심 → '마음의 도덕법'
- 별도의 가르침을 받지 않아도 남아있는 지성과 양심을 활용

→ 윤리적 반성 가능

② 그렇다면 철학적 윤리학만으로도 충분하지 않은가?

- 타락 사건 → 규범(마음의 도덕법)에 대한 지식이 손상됨
- 야만인으로 전락시키는 것을 제어할 만큼만 남아있음
- 마음의 도덕법 외에 명료하고 완전한 도덕법을 주심

→ 십계명(율법)

[생각해보기]

"철학적 윤리학만이 옳다고 주장하는 자들에게 기독교 윤리학을 어떻게 제시할 수 있을까?"

"율법 없는 이방인들이 본능적으로 율법이 요구하는 것을 실천하면
그들에게 율법이 없어도 그들 자신이 자기에게 율법이 됩니다.
그들의 행동은 율법이 요구하는 일이 그들의 마음에 기록되어 있다는 것을
보여주며 그들의 양심도 이것이 사실임을 증거하고 있습니다.
왜냐하면 그들의 생각이 서로 고발하며 변명하기 때문입니다."
(로마서 2장 14-15절)

2) 철학적 윤리학과 기독교 윤리학의 관계

- 철학적 윤리학에 대해 '비판적 수용'
- 성경이 더 명료하고 완전하므로 더 우선되어야 한다.
- 철학적 윤리학의 고유한 자리를 인정 (성경의 한계)

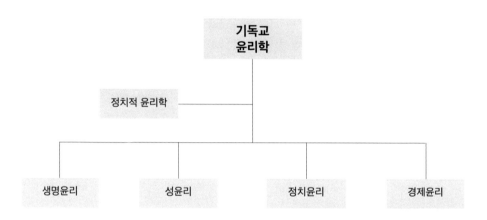

[생각해보기]

"위의 도식도에 대해 어떻게 생각하는가?"

3) 세계관과 윤리학의 관계

- 규범적 지평으로서의 기독교적 세계관
- 윤리학은 중립적으로 존립할 수 없다.
- 윤리학은 세계관에 종속된다.
- 세계관에 따라 반성의 성격이 달라진다.

신학	철학	윤리학
신에 대한 인간의 태도 결정	신학적 관념에 따라 인간은 어떤 존재인가, 이세상에서 우리가 얻고자 하는 진리는 무엇인가	신에 대한 태도와 생각은 옳고 그름을 아는데 영향

[생각해보기]

> "다음 그림을 보고 세계관과 윤리학간의 관계를 파악해보자."

4. 성경이 제시하는 규범들

1) 율법의 유효성

율법은 구원의 조건이 아니다. (로마서 7장 6절)
    vs
구원받은 후로 바른 삶을 살기 위해서는 율법을 행해야 한다. (마태복음 5장 17절)

2) 율법의 기능

- 거울 : 인간의 불의함 고발, 회의, 하나님의 긍휼로 인도
- 법적 통제장치 : 처벌의 두려움을 통한 절제/정직, 질서확립
- 규범 : 율법의 고유목적, 훈계 받으며 성장(to closerly God)

3) 율법의 구성

- 의식법 : 종교예식, 제사, 절기, 음식, 예수님-교회 예표
- 시민법 : 이스라엘 신정사회 유지 위한 실정법
- 도덕법 : 일반적인 도덕적 규범, 시대/장소 초월 보편적 도덕법

[생각해보기]

> "성경에 기록된 모든 율법을 예외 없이 다 준수해야 하는지 생각해보자."

5. 그룹 토의 주제 (1)

1) 성경 혹은 기독교가 제시하는 윤리적 규범을 받아들이기 어려웠던 경험에 대해 말해보자.
   (비실용적임, 타종교와 다르지 않음, 불쾌감, 논리적 모순, 실천 불가능함 등)

2) 도덕적 행위의 3요소를 종합적으로 고려하여 현대사회의 문제들에 대해
   윤리적 반성을 해보자. (낙태, 유전자편집, 안락사 등)

3) 율법에 대해 가지고 있었던 오해에 대해 말해보자.
   (율법의 유효성, 율법의 기능, 율법의 구성, 율법의 성격 등)

[나의 의견 나눠보기]

6. 보편적 도덕법

1) 사랑의 대강령

- 아가페 : 타인지향적
  - 사랑할만한 조건을 갖추지 못한 자를 사랑하는 태도
  - 철저하게 자기를 희생하고 타인의 유익을 구하는 태도
- 하나님을 향한 사랑 : 삶의 모든 영역에서 하나님 계명 지키기
- 인간을 향한 사랑 : 예수님이 하신 것처럼 행하기, 본능적으로 자기를 사랑하는 것처럼
  - 이웃에게 흔쾌한 마음 갖기, 원수 사랑

2) 황금률 (=역지사지)

- 의미 : '그러므로 무엇이든지 남에게 대접을 받고자 하는 대로 너희도 남을 대접하라.
  - 이것이 율법이요, 선지자니라' (마태복음 7:12)
- 기독교인의 생활원리 : 나그네의 삶을 살 때 하나님의 도우심 경험

3) 십계명 : 외적~내적 순종까지 요구함

- 구원받은 하나님의 백성이 살아내야 할 구별된 삶 규범적 제시
- 신률적 원리 : 인간의 노력에서 기원 X, 전적으로 하나님에게서 기원
- 하나님 백성의 선하고 바른 삶은 하나님의 주도적 인도하심에 순종하는 삶

[생각해보기]

> "성경에서 제시한 보편적 도덕법을 따라 살고 있는지 생각해보자."

7. 덕의 윤리학

1) 윤리학 FOCUS

- 무엇을 행해야 하는가
- 어떤 존재가 되어야 하는가
  윤리적 행동의 지속성은 내적덕에서 기원 (덕의 윤리)

2) 고대~현대 덕의 윤리학자들

고대	중세	종교개혁	현대
플라톤 (사주덕)	성어거스틴 (사랑 + 사주덕)	루터 (믿음 > 덕)	메킨타이어, 스탠리하워워스 (공동체주의, 덕이론)
아리스토텔레스 (도시국가 , 시민의 덕) - 지상에서 덕 있는 삶 가능	토마스아퀴나스 (사주덕+영적덕) -천국에서 완전한 덕 가능 but 이세상에서도 가능	칼빈 (하나님 계명)	다우마 (규범-덕의 조화)

3) 성경은 덕의 윤리학과 규범윤리학을 어떻게 생각하는가?

규범 없이 도덕 없고, 덕이 없는 규범도 없다.
규범을 통해 주어지는 바른 방향과 목표에 따라
덕이 행동화될 때만이 윤리적으로 바르다고 판단 가능!

8. 성경에 제시된 정치/경제적 정의 규범

1) 정치적 정의

- 민주적 통치체제 : 70인 장로회, 천부장, 백부장
- 지방자치 : 평등적, 탈중앙화 사회
 → 평등 + 자율적 판단과 민주적 방법으로 갈등 해소

- 현대사회의 헌법적 민주주의 정치제도
  : 국민들의 평등성과 민주적인 갈등조정 역할 가장 탁월하게 수행

→ 문제점 : 정치적 주권이 국민으로부터 vs 하나님의 절대주권
　　　　　　신앙과 표현의 자유 → 종교다원주의 뒷받침

2) 경제적 정의

- 경제적 약자들의 생계문제를 항상 마음에 둘 것을 명령
　　　　　　'너희의 땅에서 곡식을 거둘 때에 밭 모퉁이까지 다 거두지 말고...
　　　　　　가난한 사람과 거류민을 위하여 버려두라 (레위기19:9-10)'

- 경제적 약자들에 대한 편당적 관심 (황금률 기억)
- 현대사회의 자유시장 경제
  → 문제점 : 완전균형 실패, 독과점 → 사회적 약자 소외
  → 차별의 원리 : 깊은 불균등 상태의 교정을 통해 효율성/생산성/소외계층
　　끌어안는 정의론 → 사회적 최저선 헌법 보장, 비례지출세 시행

[생각해보기]

> "성경에서 제시하는 정의와 공산주의(정치)/사회주의(경제)에서 제시하는
> 정의와의 다른 점은 무엇인지 생각해보고 나눠보자."

9. 그룹 토의 주제 (2)

1) 보편적 도덕법(사랑의 대강령, 황금률, 십계명)을 규범으로 하여 나의 행동들에 대해
   윤리적 반성을 해보자.

2) 덕 있는 행동을 통해 이 땅에서 완전한 덕을 갖춘 인간이 될 수 있는가?
   나는 지금 덕 있는 존재인가?

[나의 의견 나눠보기]

03

CHAPTER

생명윤리 이슈

기독교 윤리학
: 개혁주의 관점에서 본 이론과
실제 (이상원교수 저)

1. 살인의 정의

1) 살인은 왜 죄인가?

십계명 제6계명: "살인하지 말라"
- 소극적 의미: 생명에 해를 끼치는 것 금지
- 적극적 의미: 생명을 보존하기 위한 모든 노력
 (법률, 안보, 의학, 문화예술, 기부, 봉사활동, 상담 등)

예외 : 하나님이 사람을 죽이는 경우, 재판관의 사형집행
"옛 사람에게 말한 바 살인하지 말라
누구든지 살인하면 심판을 받게 되리라 하였다는 것을 너희가 들었으나 나는 너희에게 이르노니
형제에게 노하는 자마다 심판을 받게 되고 형제를 대하여 라가라 하는 자는 공회에 잡혀가게 되고
미련한 놈이라 하는 자는 지옥 불에 들어가게 되리라"
(마태복음 5:21-22)

2) 인간의 생명은 왜 특별한가?

'하나님의 형상'으로 창조된 존재 = 천부인권

유의사항 : 인간의 생명은 그 자체가 목적이 아니며, 그 자체가 '최고선'으로 인식되지 않는다.
'절대적 가치'는 아니다. 인간 생명의 목적은 하나님과 인간을 섬기는 데 있다.
때로는 한 사람의 생명이 다른 생명을 위하여 죽어야 하는 때도 있다.

[생각해보기]

"인간의 생명이 과연 존엄한가? 세계관에 따라 설명해보자."

(진화론/허무주의/실존주의/범신론/기독교)

2. 사형제도

1) 성경적인 근거

① 인류의 머리였던 노아 > 보편적 명령 (창세기 9:5-6)
② 모세의 실정법 : 사형 형벌을 받아야 할 범죄 종류 확대, 남용 막기 위한 장치 제시
③ 빌라도 앞에 선 예수님 (요한복음 19:10)

2) 원칙

개인이 아닌 국가기관의 시행 : 실효적 & 보복의 악순환 방지
"그(다스리는 자들)는 하나님의 사역자가 되어 네게 선을 베푸는 자니라 ...
곧 하나님의 사역자가 되어 악을 행하는 자에게 진노하심을 따라 보응하는 자니라"
(로마서 13:4)

3) 목적

형벌적정의 실현 > 인간 생명은 존엄하다는 사실 확립

[생각해보기]

"사형제도에 대한 비판들이 있다. 어떻게 생각하는가?"

- 예수는 원수를 사랑하라고 하셨다, 기독교는 사랑과 용서의 종교이다.
- 하나님은 살인자 가인, 다윗에게 사형을 부과하지 않으셨다.
- 보복적 정의는 예수 그리스도의 십자가 사건으로 이미 성취되었다.
- 사형보다 종신형이 더 큰 억지력을 가진다.
- 사법제도의 목적은 '처벌'이 아니라 '교정'이다.
- 범죄자도 생명권을 보장받아야 한다.
- 판사의 오판으로 인해 무고한 사람이 사형당할 위험이 있다.

3. 생명의 시작점과 관련된 윤리적인 문제들

1) 생명의 시작점 ★

① 수정란설
- 생물학적 근거 : 자기복제와 단백질생성 시작하는 시점
- 유전학적 근거 : 유전자 구성이 완성되는 시점 > 인간의 신체적 특징 결정, 죽을 때까지 지속
- 성경적 근거

> 여호와 하나님이 땅의 흙으로 사람을 지으시고 생기를 그 코에 불어넣으시니
> 사람이 생령이 되니라 (창세기 2:7)

→ 흙(신체) + 생기(영혼) = 인간(인격체)
→ 살아있다 = 신체에 영혼이 들어와있음.
　　　⇔ 죽음 = 신체와 영혼의 분리

> 내가 죄악 중에서 출생하였음이여 어머니가 죄 중에서 나를 잉태하였나이다..
> 주께서 내 내장을 지으시며 나의 모태에서 나를 만드셨나이다 (시편 51:5, 139:13)

→ 다윗은 '잉태>조직>출생' 까지의 전 과정 안에 있는 자기 자신을 '나'로 호칭하며,
　자신이 영혼을 가진 인격적 주체임을 분명히 함.
　연속선상에서 인격체로 다룸.

> 낙태되어 땅에 묻힌 아이(a stillborn child)처럼 나는 존재하지 않았겠고
> 빛을 보지 못한 아이들 같았을 것이라 (욥기 3:16)

② 수정 이후의 특정한 시점을 시작점으로 보는 견해들
- 정신활동이 나타나는 시점
- 법인격으로 보호받기 시작하는 시점 (=출생 시점)
- 뇌파가 감지되기 시작하는 시점
- 수정 후 14일 (뇌와 척수가 분화되기 시작) : 기능과 존재 동일시하는 유물론적 관점
　　　　　　　　　　　　　　　　　　　　　　(뇌신경세포 작용으로 영혼 생성)

[생각해보기]

"생명의 시작이 언제부터라고 생각하는가?"

2) 유전자진단

① 일부 질환들의 원인을 밝힘. 질병치료를 위한 전단계

② 윤리적인 문제들
- 질병을 확인했다 하더라도 마땅한 치료방법이 없음.
- 낙태의 정당화 도구로 악용됨.

3) 유전자 치료

① '병든 유전자를 치료 또는 교정함으로써 온전한 몸으로 회복시킨다.'

② 윤리적인 문제
- '체세포 치료'의 차원에 머무르지 않고 우생학(더 나은 생명체를 얻고자 함)의
  도구로 악용됨.
- 극히 높은 실패율 (수많은 배아파괴를 피할 수 없음)

[생각해보기]

**"유전자진단을 통해 배속의 아이가 다운증후군 장애 진단을 받게 되었다.
나라면 어떻게 할 것인가?"**

4) 줄기세포

① 기본개념
- '신체의 각종 장기로 분화될 수 있는 능력을 가진 세포'
- 고장난 장기에 주입하면 줄기세포가 건강한 장기로 자라나 고장난 장기 대체
- 난치병 치료 가능

② 윤리적 문제
- 배아파괴' (줄기세포 추출의 경우 배아 100% 파괴)
- 자율성의 원칙에 어긋남.
  "배아로부터 어떤 의사표명도 묻지도 받지도 않은 채 생명공학자 자신의 일방적인 의사에
  따라서 자의적으로 배아의 신체의 일부인 줄기세포를 추출해낸다."
- 개연론의 오류 (두 개연성 중 한쪽의 개연성을 근거 없이 무시)
  "인간의 생명의 사활이 걸린 문제라면, 배아가 인간이라는 논증이 허위임이 증명이 될 때까지는,
  인간이 아닐 개연성의 선택을 보류하는 것이 윤리적인 태도다."

[생각해보기]

"배아줄기세포와 성체줄기세포를 비교해보자"

5) 인공수정

① 배경
- 불임증가, 산아제한, 낙태 합법화, 독신여성 및 동성애자의 자녀소유 욕구 등
- 과학기술과 포스트모더니즘의 동시적 발전 : '기술적으로 가능한 일은 시행해야 한다.'
- 윤리적인 반성 없이 발전되어 온 인공출산기술
- 불임은 질병이 아님.
  불임으로 인한 정신적 고통은 정신구조적 이상으로 인한 것이 아닌
  '소유하지 못 했을 때 겪는 상실감'

② 윤리적 원칙들
- 수정란은 소유물이 아닌 인간이고, 인격체다.
  생명의 획득(선한 목적)을 위하여 생명을 희생시키는 행동(악한 수단)은 정당화 될 수 없다.
- [부부 간의 사랑 → 성교 → 자녀의 출산] 이 중 어느 하나를 배제해선 안 된다.
  (출산된 아이의 정체성 문제 : 부모와 자녀의 법적,생물학적,정서적 관계)
- 사정 이후부터는 인간이 개입할 수 있는 여지가 전혀 없다.
  하나님의 섭리적 작용만이 과정을 진행시킬 뿐이다.

[생각해보기]

"다음 키워드들에 대해 토론해보자."

체내수정 vs 체외수정
배우자간 vs 비배우자간
생모 vs 대리모
인간의 출산 vs 인공자궁

6) 낙태

① 수정 후 출산시까지 전 과정에서 이루어지는 낙태는 살인행위
- 생명권과 생명권이 충돌을 일으키는 경우? (자궁외임신, 무뇌아 등)
- 태아의 생명권과 임산부의 행복추구권이 충돌을 일으키는 경우? (성폭력, 근친상간 포함)

② 태아의 관점
- 태아에게는 아무런 도덕적인 잘못이 없다.
- 태아도 보호받아야 할 희생자이다.
- 아기에게도 생존의 기회를 주어야 한다.
- 곤경에 처한 아기에게 도움의 손길을 내미는 것이 거룩한 사랑의 실천이다.

③ 산모의 관점
- 낙태수술 : 아기살해, 출혈, 감염, 마취부작용, 자연유산과 조산 증가
- 낙태 후 증후군 : 부정, 억제, 회피, 죄책감, 우울, 자기비하, 악몽, 자살충동 등
- 정신적 문제는 낙태 시술 후 오히려 높아진다 → 그들은 용서를 갈구하기 때문

[생각해보기]

"2019년에 있었던 낙태죄 헌법불합치 판례를 들어본 적이 있는가?"

* 헌법재판소에서 자기낙태죄 조항 제269조 1항과 의사 낙태 조항 제270조 1항에 대해 헌법불합치 판결함.

- 제269조(낙태)
  부녀가 약물 기타 방법으로 낙태한 때에는 1년 이하의 징역 또는 200만원 이하의 벌금에 처한다.
- 제270조(의사 등의 낙태, 부동의낙태)
  의사, 한의사, 조산사, 약제사 또는 약종상이 부녀의 촉탁 또는 승낙을 받아 낙태하게 한 때에는 2년 이하의 징역에 처한다.

4. 생명의 종결점과 관련된 윤리적인 문제들

1) 안락사

① 의미 : 좋은 죽음, 안락한 죽음 euthanasia
- 회복 불가능한 극심한 고통이 뒤따르는 질병상태 등에 처한 환자가 고통으로부터 벗어나기
  위한 목적으로 직접 또는 후견인을 통하여 자신의 생명을 종결시켜 달라고 요구할 때,
  의사가 직접 환자의 생명을 종결시켜주거나
- 환자가 죽을 수 있도록 약제를 준비해줌으로써 환자가 자살하는 행위를 도와주는 행위

② 논쟁의 핵심
- 인간을 고통으로부터 자유하게 하기 위하여 죽음이라는 수단을 이용하는 것이
  과연 정당한 일인가?
- 정당화 노력 : 자비사 mercy killing

③ 안락사와 구분되어야 할 의료행위 2가지 : 이중결과의 원리, 진료의 중단

④ 허용되어서는 안되는 이유들
- 살인이 고통 완화를 위한 수단이 될 수 없다.
- 제거되지 않는 고통이 있을 때는 고통의 의미를 물어야 한다.
- 환자의 자결권은 환자의 의사를 제대로 반영하지 못할 때가 많다.
- 인간의 생명종결권은 오직 하나님만이 갖는다.
- 미끄러운 경사면 논증의 우려는 현실이다.

[생각해보기]

> **"세브란스 김할머니 사건에 대해 찾아보고,**
> **연명의료중단과 안락사의 차이점에 대해 생각해보자."**
>
> * 2009년 '연명의료 중단' 재판결과에 따라 김할머니의 인공호흡기를 제거한 사건

2) 장기이식

① 인간의 존엄성과 관련된 윤리적 & 의학적 문제들
- 종간이식 : 현재 의학발달 수준으로 볼 때 종간이식은 병리학적으로 허용될 수 없다.
  ⇒ 의학이 발달하면 허용 가능한가? 동물 권리 침해는 아닌가?
- 타가이식(사체 장기적출) : 장기제공사체에 대한 의학적 문제는 없다.
  ⇒ 죽음의 시점 : 심폐사 vs 뇌사
  ⇒ 기독교적 인간관
  : 뇌신경세포 작용 중지를 죽음의 시점으로 보는 유물론적 인간관에 동의하지 않는다.
    심폐기능이 정지될 때까지는 의식도 살아있고 몸도 살아있는 인간으로 봐야한다.
- 타가이식(생체 장기적출) : 장기제공자의 건강과 생명에 손상, 파괴가 가해져서 안 된다는
  전제조건
  ⇒ 생명이 위험한 이웃에게 건강한 사람의 생명을 위협하지 않는 조건 아래 이웃의 생명을
     구하는 것은 이웃사랑, 윤리적으로 정당한 행위 (고지된 동의가 전제됨)

② 장기의 배당과 관련된 윤리적인 문제들
- 롤즈가 제시한 차별의 원리
  : 사회적으로 가장 낮은 계층의 생존권이 최우선적으로 보장되어야 하고, 이 조건이 충족되는
    것을 전제로 한 상태에서 모든 시민이 정치적이고 경제적인 재화에 접근할 수 있는 기회가
    균등하게 보장되어야 한다.

③ 정리
- 장기이식술은 환자의 생명보호를 위해 개발된 첨단의료기술로써 하나님의 일반은총 섭리의
  방편으로 정당화 가능
- 기독교윤리적 관점에서 정당화될 수 있는 장기이식의 친생명적 전제조건
  장기기증자의 생명에 손상을 가하지 않아야 하며, 피이식자의 생명을 죽음이나 고통으로부터
  보호할 수 있어야한다.

[생각해보기]

3) 자살

① 정의 : 자유로운 결단을 통하여 자기 스스로 목숨을 끊는 행동
  a. 자기 목숨에 죽음의 위협이 찾아왔을 때 그 위험을 피할 수 있음에도 의도적으로
     맞이하는 행동
  b. 정신질환에 걸린 상태에서 자살 시도?
  c. 동기 또는 목적에 따라 죽음을 의도적으로 맞이하는 경우?
     ⇒ 타인의 생명을 죽음으로부터 구하기 위한 불가피한 방법인 경우 이웃사랑의 표현,
        그리스도를 위해 자기 목숨을 돌아보지 않는 순교
     ⇒ 정치적 이념실현, 순결 보호하기 위해,
        경제적 능력이 없어 가족에게 부담 주지 않기 위한 것은 이웃사랑 아니고 자살임.

자살거부	자살허용
- 신의 존재를 고려 대상에 두는 입장 - 보편적 도덕을 강조하는 의무론적 입장 - 공동체의 공동선 강조하는 입장	- 개인의 윤리적 판단이 우선되는 입장 - 자결권을 강조하는 입장

② 기독교 관점 : 고린도전서 3장 11절 인간에게는 영원을 사모하는 마음, 곧 삶을 향한 본능적인 욕구가 있음. 반대로 죽음 향한 본능적인 욕구는 언급하고 있지 않음.

③ 자살 비판에 규범적 근거가 되는 성경의 가르침들 : 성경은 자살이라는 특정 행위에 직접적, 명시적 윤리적 판단을 제시하지 않으나, 자살에 대해 묵인하지도 않음.
- 제6계명: 자살, 타살 구분 x
- 인간의 생명 종결권은 하나님께 있기에 자의적으로 탈취하는 행동이 된다.
- 기독교 종말론을 충실히 견지할 때 자살은 강력하게 견제될 수 있다. (내세 유무)
- 자살은 하나님의 창조 질서를 거스르는 행동
- 하나님은 사회적 연대관계 안에 살도록 질서를 주셨고, 자살은 질서 거스르는 행동
- 자살은 죽음으로써 고통을 벗어나려는 시도지만, 땀이 흐르는 수고는 타락한 세계에서
  몸과 영혼에 가장 유익한 삶이다 (욥기 23:10)

[생각해보기]

"자살은 윤리적인 행위인가? 세계관/윤리관에 따라 비교해보자."

5. 그룹 토의 주제

1) 본장에서는 생명윤리 여러 이슈에 대한 기독교적 관점을 알아보았다.
그러나 일반 사회 속에서 성경적 근거에 호소하는 것은 별 도움이 되지 않는다.
어떻게 제시할 것인가? 비기독교인도 이해할 수 있는 표현 방식으로 바꿔보자.

2) 생명의 시작과 종결점에서 윤리적 이슈들이 발생하는 근본적인 원인을
기독교 윤리학 관점에서 생각해보고 앞으로 의학기술이 발전하더라도
생명윤리에서 변함없이 지켜야 할 진리는 무엇인지 논의해보자.

[나의 의견 나눠보기]

Memo